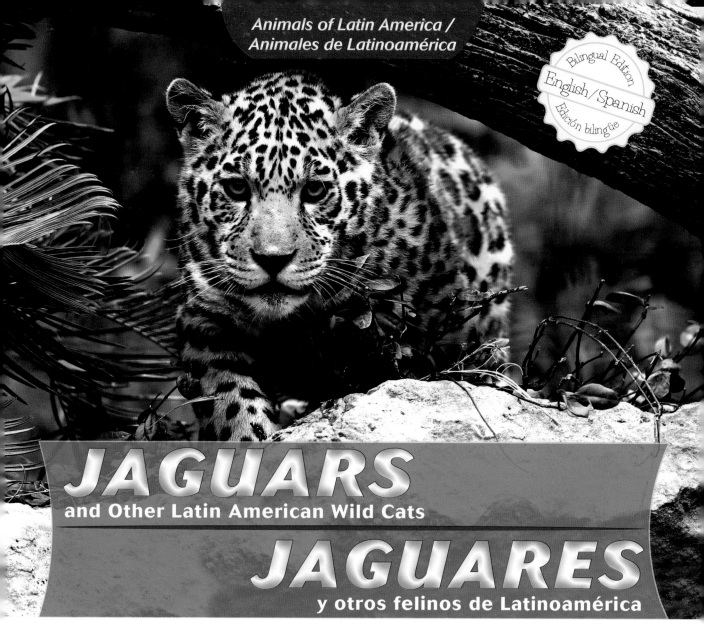

Animals of Latin America /
Animales de Latinoamérica

Bilingual Edition
English/Spanish
Edición bilingüe

JAGUARS
and Other Latin American Wild Cats

JAGUARES
y otros felinos de Latinoamérica

Zella Williams

Traducción al español: Ma. Pilar Obregón

PowerKiDS press™ & **Editorial Buenas Letras**™
New York

Published in 2010 by The Rosen Publishing Group, Inc.
29 East 21st Street, New York, NY 10010

First Edition

Editor: Joanne Randolph
Book Design: Kate Laczynski
Photo Researcher: Jessica Gerweck

Photo Credits: Cover, pp. 1, 5 Shutterstock.com; p. 7 © Richard A. Cooke/Corbis; p. 9 © Tom Brakefield/ Corbis; p. 11 © J&C Sohns/age fotostock; p. 13 © Wildlife/Peter Arnold, Inc.; p. 15 © Gerard Lacz/Peter Arnold, Inc.; p. 17 © Martin Harvey/Corbis; p. 19 © Philip Perry; Frank Lane Picture Agency/Corbis; p. 21 © Toño Labra/age fotostock.

Library of Congress Cataloging-in-Publication Data

Williams, Zella.
  Jaguars and other Latin American wild cats = Jaguares y otros felinos de Latinoamérica / Zella Williams. — 1st ed.
      p. cm. — (Animals of Latin America = Animales de Latinoamérica)
  Includes index.
  ISBN 978-1-4042-8125-7 (library binding) — ISBN 978-1-4358-3378-4 (pbk.) — ISBN 978-1-4358-3379-1 (6-pack)
  1. Jaguar—Latin America—Juvenile literature. 2. Felidae—Latin America—Juvenile literature. I. Title. II. Title: Jaguares y otros felinos de Latino América.
  QL737.C23W546 2010
  599.75′5—dc22
                          2009001849

Manufactured in the United States of America

Contents

Contenido

Jaguars are beautiful, powerful cats. People have respected these cats for thousands of years. Many **ancient cultures** in Latin America **worshipped** the jaguar. For example, thousands of years ago, the Tucaño people, who lived in the northwestern Amazon rain forest, believed the sun god created the jaguar to show the people his power.

Los jaguares son felinos hermosos y poderosos. Estos grandes gatos han sido respetados durante cientos de años por las **culturas antiguas**. Los jaguares eran **venerados**, especialmente, en muchas culturas de Latinoamérica. Por ejemplo, los tucanos de la selva amazónica, creían que el jaguar había sido creado por el dios del Sol para demostrar su poder a la gente.

Even today, the Tucaño believe that the roar of a jaguar means rain will come soon.

Actualmente, los tucanos siguen creyendo que el rugido del jaguar significa que lloverá pronto.

5

The **Mayan people** thought that the jaguar stood for power, strength, and bravery. They believed that the jaguar connected the worlds of the living and the dead. The **Aztec people**, too, thought of the jaguar as an animal with special abilities. Let's find out more about this big cat that has long been a **symbol** of power.

Para los pueblos **mayas**, el jaguar significaba fuerza, poder y valor. Los mayas creían que el jaguar conectaba el mundo de los muertos con el mundo de los vivos. Para los **aztecas**, el jaguar también era un animal con habilidades especiales. Continúa leyendo y aprenderás mucho más de este felino que ha sido un **símbolo** de poder durante muchos años.

This double-headed jaguar sculpture sits outside the Mayán Governor's Palace in Uxmal, Mexico, on the Yucatan Peninsula.

Esta escultura de un jaguar con dos cabezas se encuentra fuera del Palacio del Gobernador en Uxmal, en la Peninsula de Yucatán, México.

You are walking through the forests of Latin America. You may not see the jaguars while you walk, but they are there. These big cats pad softly along in many kinds of forest, from rain forests to **deciduous** forests. Jaguars generally live near rivers and lakes, because that is where the animals that they hunt live.

Nos encontramos caminando en los bosques de Latinoamérica. Quizás no veas a los jaguares, pero aquí están. Estos grandes gatos caminan con suavidad en muchos tipos de terreno, desde las selvas tropicales hasta los bosques de **hojas caducas**. Generalmente, los jaguares viven cerca de ríos y lagos porque ahí encuentran a los animales con los que se alimentan.

Jaguars spend time on the ground and in the trees looking for food.

Los jaguares buscan alimento tanto en el suelo como en las ramas de los árboles.

9

Dabs of sunlight hit the dark forest floor, making it appear spotted. This is the perfect hiding spot for the jaguar. Jaguars have black spots, rings, and other markings all over their golden fur. The markings on their coats **camouflage** the big cats, making them hard to see in the forest. This helps the cats hide from animals that they might want to eat.

Algunas manchas de luz solar caen en el bosque. Este es el escondite perfecto para el jaguar. Los jaguares tienen manchas negras, anillos y otras marcas sobre su pelaje dorado. Estas marcas les sirven de **camuflaje**, haciendo difícil verlos en el bosque. Esto ayuda a los poderosos gatos a esconderse de los animales que buscan para comer.

Some jaguars, such as this one, are black. This makes their markings hard to see.

Algunos jaguares, como éste, son negros. Esto hace difícil ver sus marcas.

Jaguars are hungry cats. They eat between 10 and 70 pounds (5–32 kg) of meat each day. It is lucky that they are made for hunting. The jaguar's mouth is so powerful that the cat generally kills an animal by biting and crushing its head. They can kill small animals with one swipe, or swing, of their paws.

Los jaguares son muy comilones. Un jaguar come entre 10 y 70 libras (5-32 kg) de carne cada día. Lo bueno, es que son de lo mejor que hay para la cacería. La boca del jaguar es tan poderosa que puede matar a su presa mordiendo y aplastando su cabeza. Además, los jaguares pueden matar animales pequeños con un golpe veloz de sus garras.

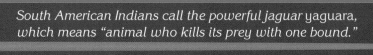

*South American Indians call the powerful jaguar yaguara,
which means "animal who kills its prey with one bound."*

*Los indios de Sudamérica llamaban yaguara al jaguar.
Esto significa: "Animal que mata a su presa de un salto".*

Jaguars are not picky eaters. They eat more than 85 different animals, such as deer, otters, tapirs, capybaras, snakes, and turtles. They may quietly creep up on prey or hide until something yummy walks by and then jump out at the last minute. Jaguars can also climb trees to catch monkeys, sloths, and birds.

Los jaguares no son muy exigentes para comer. Los jaguares comen más de 85 diferentes animales, tales como venados, nutrias, tapires, capibaras, serpientes y tortugas. En ocasiones caminan despacio hacia su presa, o pueden esconderse durante un tiempo hasta que un delicioso animal pasa por ahí. Entonces, dan un salto y atrapan a sus víctimas. Los jaguares también trepan a los árboles para cazar monos, perezosos y aves.

Jaguars are great swimmers, and they sometimes catch fish, caimans, and turtles in the water.

Los jaguares son muy buenos nadadores y en ocasiones atrapan peces, caimanes y tortugas en el agua.

The jaguar may run into another spotted cat as it prowls the jungle in search of food. The ocelot also lives and hunts in the rain forests and forests of Latin America. The ocelot is not as big as its neighbor the jaguar, though. It is only about twice the size of a house cat. It has golden fur with black markings, like the jaguar.

En busca de su comida en la jungla, el jaguar podría encontrarse con otro animal. El ocelote también vive y caza en las selvas tropicales de Latinoamérica. El ocelote no es tan grande como el jaguar. Los ocelotes son aproximadamente del tamaño de dos gatos domésticos. Al igual que el jaguar, el ocelote tiene marcas negras en su pelaje dorado.

Ocelots, such as this one, hunt nightly for rabbits, rodents, fish, frogs, iguanas, monkeys, and birds.

Los ocelotes como éste, cazan de noche en busca de conejos, roedores, peces, ranas, iguanas, monos y aves.

17

The jaguar is not the only Latin American wild cat that played a part in ancient cultures. The ocelot was shown in the artwork of the Moche people. The Moche people lived on the northern coast of Peru between 200 BC and AD 700. Other ancient people, including the Aztecs, prized the animal for its beautiful coat.

El jaguar no es el único felino importante en la cultura latinoamericana. El ocelote aparece con frecuencia en el arte de la cultura Mochica. Los mochicas vivieron en la costa norte de Perú entre los siglos I y IV d.C. Otras culturas, como la azteca, alababan al ocelote por su hermoso pelaje.

Ocelots were once hunted for their beautiful fur, which has many stripes, spots, and rings. Today it is against the law to hunt ocelots.

Gracias a su hermoso pelaje con manchas, rayas y anillos, el ocelote era cazado con frecuencia. Hoy, la cacería de ocelotes no está permitida.

19

The puma is another cat that shares the Latin American forests with jaguars. Pumas live in mountains, forests, swamps, grasslands, or anywhere that has enough food and good hiding spots. Pumas have yellowish brown to grayish brown fur. These big cats eat moose, deer, squirrels, rodents, and many other animals.

Otro felino que comparte los bosques de Latinoamérica con el jaguar es el puma. Los pumas viven en bosques, montañas, pantanos, prados o en cualquier otro sitio donde haya comida y lugares para esconderse. Los pumas tienen pelaje de color marrón claro o grisáceo. Estos grandes gatos comen alces, venados, ardillas, roedores y muchos otros animales.

Pumas are also called mountain lions and cougars. Pumas live as far north as Canada and as far south as the southern tip of Chile.

A los pumas también se les conoce como leones de montaña. Los pumas pueden vivir al norte del continente, en Canadá, o en el sur, en la punta más remota de Chile.

21

These three Latin American wild cats are all in trouble. People are cutting down their forest homes. All three cats are also hunted, even though laws have been passed in some countries to keep them safe. These cats have been around for thousands of years. We must do our part to make sure they will be here for many more.

Estos felinos de Latinoamérica están en problemas. Los seres humanos estamos cortando los árboles de sus bosques, y la cacería de jaguares, pumas y ocelotes continúa a pesar de ser una actividad ilegal. Estos animales han sido importantes para nuestra cultura durante miles de años. Todos debemos ayudar para que continúen con nosotros durante muchos años más.

Glossary

ancient cultures (AYN-shent KUL-churz) The beliefs, practices, and arts of a group of people who lived a long time ago.

Aztec people (AZ-tek PEE-pul) Native Americans of central Mexico.

camouflage (KA-muh-flahj) To hide by looking like the things around one.

deciduous (deh-SIH-joo-us) Having leaves that fall off every year.

Mayan people (MY-en PEE-pul) Native Americans of southern Mexico and Central America.

symbol (SIM-bul) An object or a picture that stands for something else.

worshipped (WUR-shupt) Paid great honor and respect to something or someone.

Glosario

aztecas (los) Indígenas originarios del centro de México.

camuflaje (el) Esconderse al disimularse con el terreno a su alrededor.

culturas antiguas (las) Las creencias, costumbres y manifestaciones artísticas de grupos de personas que vivieron hace muchos años.

hojas caducas (las) Hojas de árboles que caen cada año.

mayas (los) Indígenas originarios del sur de México y Centroamérica.

símbolo (el) Un objeto o pintura que representa algo distinto.

venerar Sentir y demostrar respeto a una cosa, animal o persona.

Index

Índice

Web Sites / Páginas de Internet

Due to the changing nature of Internet links, PowerKids Press and Editorial Buenas Letras have developed an online list of Web sites related to the subject of this book. This site is updated regularly. Please use this link to access the list:
www.powerkidslinks.com/anla/jaguar/